школа - el colegio 2
подорож - el viaje 5
транспорт - el transporte 8
місто - la ciudad 10
ландшафт - el paisaje 14
ресторан - el restaurante 17
супермаркет - el supermercado 20
напої - las bebidas 22
їжа - la comida 23
ферма - la granja 27
дім - la casa 31
вітальня - el living 33
кухня - la cocina 35
ванна кімната - el baño 38
дитяча кімната - el cuarto de los chicos 42
одяг - la ropa 44
офіс - la oficina 49
економіка - la economía 51
професії - las ocupaciones 53
інструменти - las herramientas 56
музичні інструменти - los instrumentos musicales 57
зоопарк - el zoológico 59
спорт - los deportes 62
дії - las actividades 63
сім'я - la familia 67
тіло - el cuerpo 68
лікарня - el hospital 72
аварійний випадок - la emergencia 76
Земля - la Tierra 77
годинник - el reloj 79
тиждень - la semana 80
рік - el año 81
форми - las formas 83
фарби - colores 84
протилежності - los opuestos 85
числа - los números 88
мови - los idiomas 90
хто / що / як - quién / qué / cómo 91
де - dónde 92

Impressum
Verlag: BABADADA GmbH, Nedderfeld 112 , 22529 Hamburg
Geschäftsführer / Verlagsleitung: Harald Hof
Druck: Books on Demand GmbH, In de Tarpen 42, 22848 Norderstedt

Imprint
Publisher: BABADADA GmbH, Nedderfeld 112 , 22529 Hamburg, Germany
Managing Director / Publishing direction: Harald Hof
Print: Books on Demand GmbH, In de Tarpen 42, 22848 Norderstedt

школа
el colegio

класна кімната
el aula
ділити
dividir
186/2
дошка
el pizarrón
шкільний двір
el patio de la escuela
вчитель
el maestro
папір
el papel
писати
escribir
ручка
la birome
письмовий стіл
el escritorio
лінійка
la regla
книга
el libro
учень
el alumno

ранець
la mochila

пенал
la caja de lápices

олівець
el lápiz

точило
el sacapuntas

гумка
la goma (de borrar)

альбом для малювання
el bloc de dibujo

малюнок

el dibujo

пензель

el pincel

коробка фарб

la caja de pinturas

ножиці

la tijera

клей

el pegamento

зошит

el cuaderno de ejercicios

домашнє завдання

la tarea

число

el número

додавати

sumar

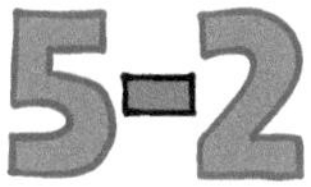

віднімати

restar

множити

multiplicar

рахувати

calcular

літера

la letra

абетка

el abecedario

слово

la palabra

текст

el texto

читати

leer

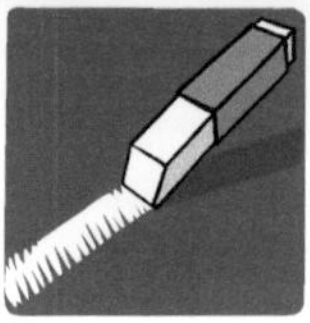

крейда

la tiza

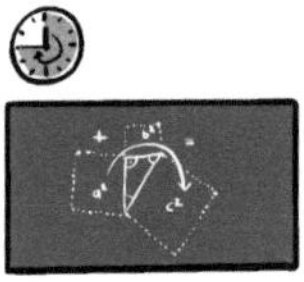

година

la lección

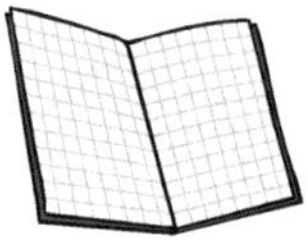

класний журнал

el cuaderno de clase

екзамен

el examen

диплом

el certificado

шкільна форма

el uniforme escolar

освіта

la educación

лексикон

la enciclopedia

університет

la universidad

мікроскоп

el microscopio

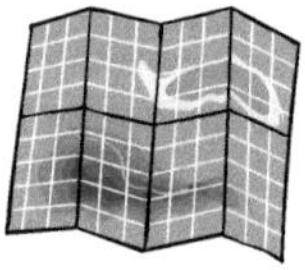

карта

el mapa

кошик для паперу

el tacho (de basura)

подорож
el viaje

готель
el hotel
Grand
турбаза
el hostel
ROOMS
обмінний пункт
la casa de cambio
CHANGE
валіза
la valija
автомобіль
el auto

мова

el idioma

так / ні

sí / no

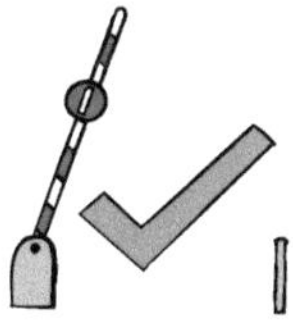

добре

Está bien

привіт

hola

перекладач

el traductor

дякую

Gracias

Скільки коштує ...?

¿cuánto cuesta...?

Я не розумію

No entiendo

проблема

el problema

Добрий вечір!

¡Buenas tardes!

Доброго ранку!

¡Buenos días!

На добраніч!

¡Buenas noches!

До побачення

el adiós

напрямок

la dirección

багаж

el equipaje

сумка

el bolso

рюкзак

la mochila

гість

el invitado

кімната

la habitación

спальний мішок

la bolsa de dormir

намет

la carpa

туристична інформація

la información turística

пляж

la playa

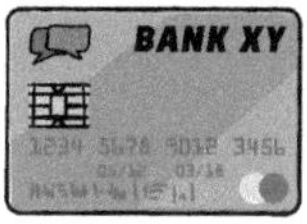

кредитна картка

la tarjeta de crédito

сніданок

el desayuno

обід

el almuerzo

вечеря

la cena

квиток

el pasaje

ліфт

el ascensor

поштова марка

el sello

межа

la frontera

митниця

la aduana

посольство

la embajada

віза

la visa

паспорт

el pasaporte

транспорт

el transporte

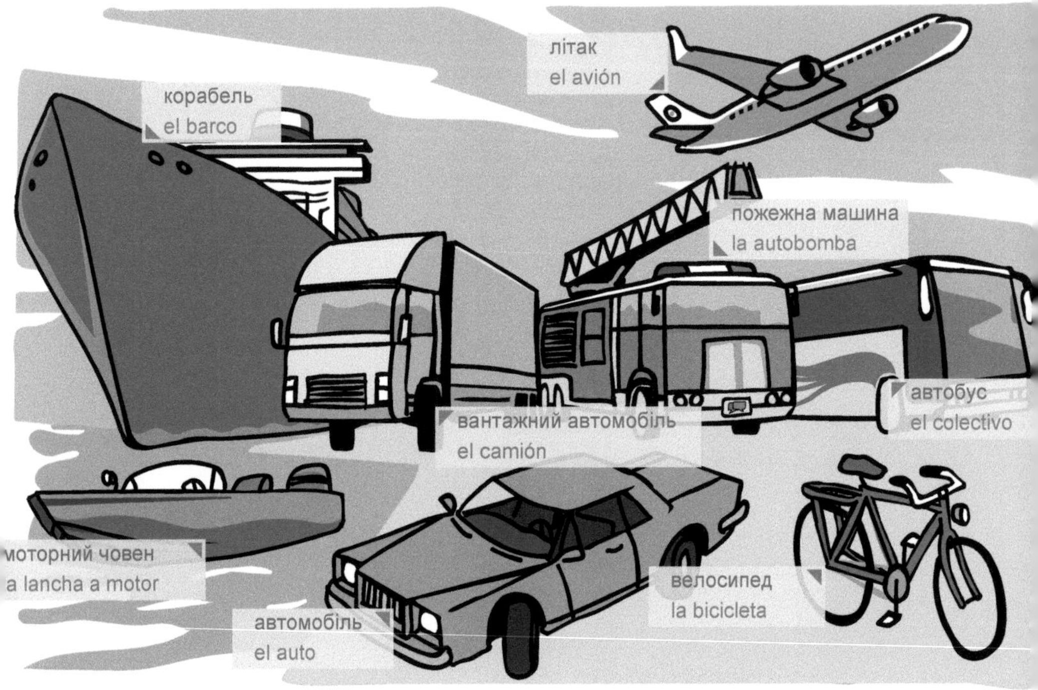

літак
el avión
корабель
el barco
пожежна машина
la autobomba
автобус
el colectivo
вантажний автомобіль
el camión
моторний човен
a lancha a motor
велосипед
la bicicleta
автомобіль
el auto

пором

el ferry

човен

el bote

мотоцикл

la moto

поліцейська машина

el patrullero

гоночний автомобіль

el auto de carreras

автомобіль на прокат

el auto de alquiler

спільне користування авто

el alquiler de autos

евакуатор

la grúa

сміттєвоз

el camión de la basura

двигун

el motor

паливо

la nafta

автозаправна станція

la estación de servicio

дорожній знак

la señal de tránsito

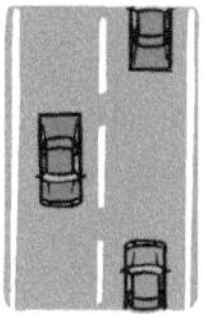

рух

el tránsito

затор

el embotellamiento

стоянка

el estacionamiento

вокзал

la estación de tren

рейки

las vías

потяг

el tren

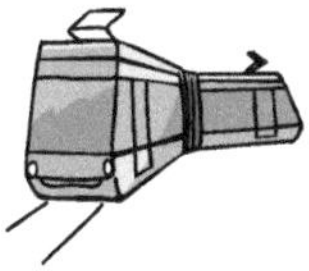

трамвай

el tranvía

вагон

el vagón

гелікоптер

el helicóptero

аеропорт

el aeropuerto

вежа

la torre

пасажир

el pasajero

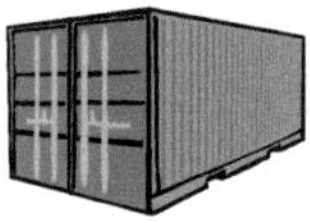

контейнер

el contenedor

коробка

la caja de cartón

візок

la carretilla

кошик

la canasta

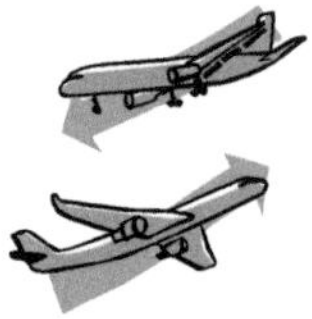

стартувати / приземлятися

despegar / aterrizar

місто

la ciudad

село

el pueblo

центр міста

el centro de la ciudad

дім

la casa

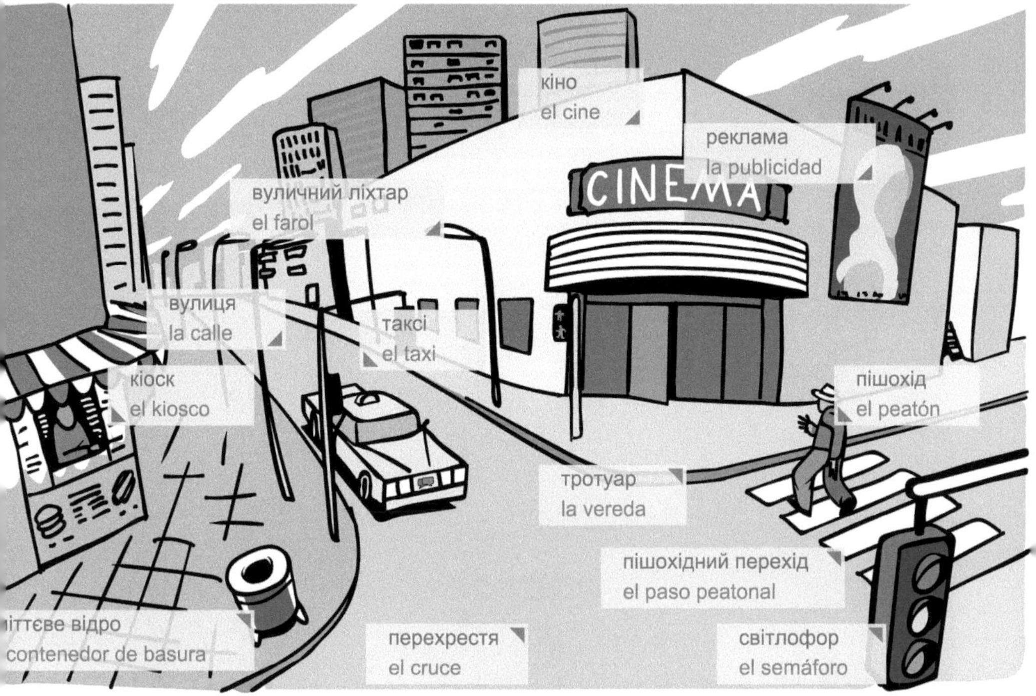
кіно
el cine
реклама
la publicidad
CINEMA
вуличний ліхтар
el farol
вулиця
la calle
таксі
el taxi
кіоск
el kiosco
пішохід
el peatón
тротуар
la vereda
пішохідний перехід
el paso peatonal
іттєве відро
contenedor de basura
перехрестя
el cruce
світлофор
el semáforo

хатина

la cabaña

квартира

el departamento

вокзал

la estación de tren

ратуша

la municipalidad

MUSEUM

музей

el museo

школа

el colegio

університет

la universidad

банк

el banco

лікарня

el hospital

готель

el hotel

аптека

la farmacia

офіс

la oficina

книжковий магазин

la librería

магазин

el negocio

квітковий магазин

la florería

супермаркет

el supermercado

ринок

el mercado

універмаг

las grandes tiendas

торговець рибою

la pescadería

торговельний центр

el centro comercial

гавань

el puerto

парк

el parque

лава

el banco

міст

el puente

сходи

las escaleras

метро

el subte

тунель

el túnel

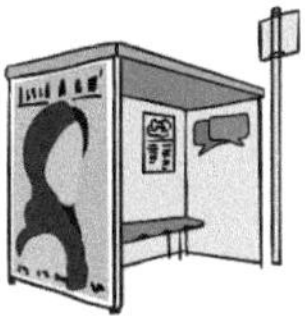

автобусна зупинка

la parada del colectivo

бар

el bar

ресторан

el restaurante

поштова скринька

el buzón

вулична табличка

el letrero

лічильник паркування

el parquímetro

зоопарк

el zoológico

басейн

la pileta

мечеть

la mezquita

ферма

la granja

забруднення навколишнього середовища

la contaminación

кладовище

el cementerio

церква

la iglesia

дитячий майданчик

los juegos infantiles

храм

el templo

ландшафт

el paisaje

листок
la hoja
вказівний стовп
el poste indicador
шлях
el camino
луг
la pradera
камінь
la piedra
дерево
el árbol
мандрівник
el excursionista
річка
el río
трава
la hierba
квітка
la flor

долина

el valle

гора

la montaña

озеро

el lago

ліс

el bosque

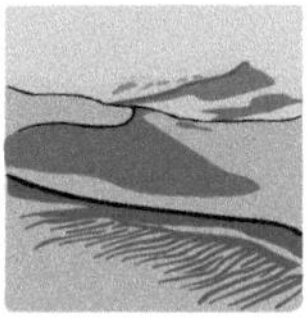

пустеля

el desierto

вулкан

el volcán

замок

el castillo

веселка

el arco iris

гриб

el champiñón

пальма

la palmera

комар

el mosquito

муха

la mosca

мурашка

la hormiga

бджола

la abeja

павук

la araña

жук

el escarabajo

жаба

la rana

вивірка

la ardilla

їжак

el erizo

заєць

la liebre

сова

la lechuza

птах

el pájaro

лебідь

el cisne

кабан

el jabalí

олень

el ciervo

лось

el alce

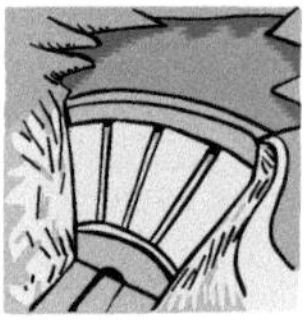

гребля

la presa

вітряк

el aerogenerador

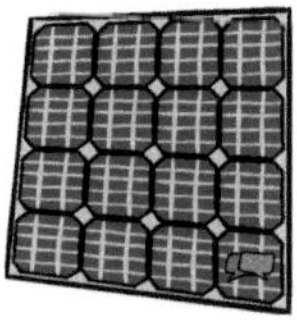

сонячний модуль

el panel solar

клімат

el clima

ресторан
el restaurante

офіціант
el mozo
меню
el menú
стілець
la silla
суп
la sopa
піца
la pizza
скатертина
el mantel
столові прилади
los cubiertos

закуска

la entrada

друга страва

el plato principal

десерт

el postre

напої

las bebidas

їжа

la comida

пляшка

la botella

фаст-фуд

la comida rápida

вулична їжа

la comida callejera

чайник

la tetera

цукорниця

la azucarera

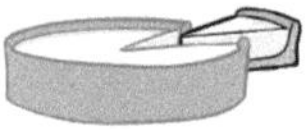

порція

la porción

еспресо-машина

la cafetera expreso

високий стільчик

la sillita alta

рахунок

la cuenta

піднос

la bandeja

ніж

el cuchillo

вилка

el tenedor

ложка

la cuchara

чайна ложка

la cucharita

серветка

la servilleta

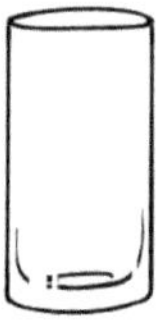

склянка

el vaso

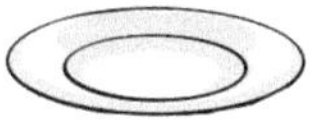

тарілка

el plato

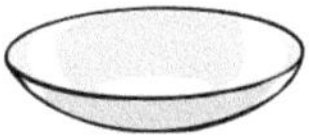

тарілка для супу

el plato hondo

блюдце

el plato

соус

la salsa

солонка

el salero

млин для перцю

el molinillo de pimienta

оцет

el vinagre

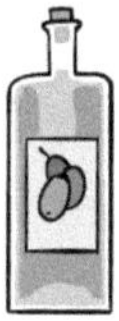

масло

el aceite

спеції

las especias

кетчуп

el kétchup

гірчиця

la mostaza

майонез

la mayonesa

супермаркет

el supermercado

пропозиція
la oferta especial
FOR
клієнт
el cliente
молочні продукти
los lácteos
фрукти
la fruta
візок для покупок
el changuito

BUTCHERS

м'ясний магазин

la carnicería

BAKERY

пекарня

la panadería

зважувати

pesar

овочі

las verduras

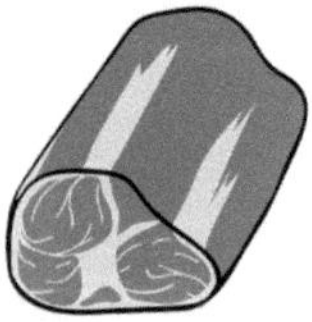

м'ясо

la carne

заморожені продукти

los alimentos congelados

ковбасна нарізка

los fiambres

консерви

los alimentos enlatados

пральний порошок

el detergente en polvo

солодощі

las golosinas

предмети домашнього побуту

los electrodomésticos

мийний засіб

los productos de limpieza

продавщиця

la vendedora

каса

la caja

касир

el cajero

список покупок

la lista de compras

часи роботи

el horario de atención

гаманець

la billetera

кредитна картка

la tarjeta de crédito

сумка

la cartera

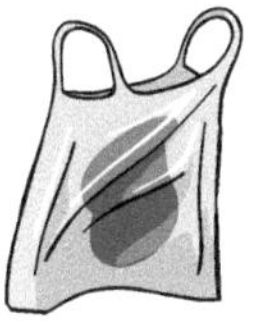

поліетиленовий пакет

la bolsa de plástico

напої

las bebidas

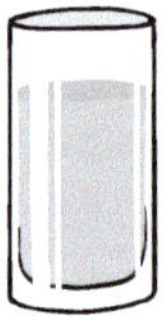

вода

el agua

сік

el jugo

молоко

la leche

кола

la bebida cola

вино

el vino

пиво

la cerveza

алкоголь

el alcohol

какао

el cacao

чай

el té

кава

el café

еспресо

el café expreso

капучіно

el cappuccino

їжа
la comida

банан

la banana

яблуко

la manzana

апельсин

la naranja

кавун

el melón

лимон

el limón

морква

la zanahoria

часник

el ajo

бамбук

el bambú

цибуля

la cebolla

гриб

el champiñón

горішки

las nueces

локшина

los fideos

спагеті

los tallarines

рис

el arroz

салат

la ensalada

картопля фрі

las papas fritas

смажена картопля

las papas fritas

піца

la pizza

гамбургер

la hamburguesa

бутерброд

el sándwich

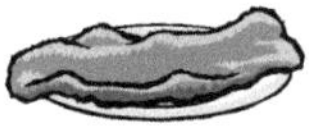

шніцель

el churrasco

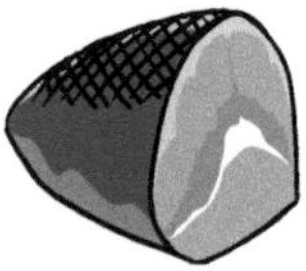

шинка

el jamón

салямі

el salame

ковбаса

la salchicha

курка

el pollo

печеня

el asado

риба

el pescado

вівсяні пластівці

los copos de avena

мюслі

el muesli

кукурудзяні пластівці

los copos de maíz

борошно

la harina

круасан

la medialuna

булочка

el pancito

хліб

el pan

тостовий хліб

la tostada

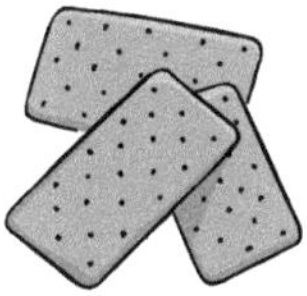

печиво

las galletitas

масло

la manteca

сир

la cuajada

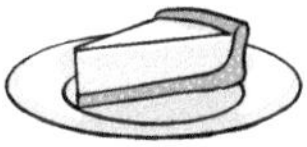

пиріг

la torta

яйце

el huevo

яєчня

el huevo frito

сир

el queso

морозиво

el helado

цукор

el azúcar

мед

la miel

мармелад

la mermelada

нуга-крем

la pasta de chocolate

карі

el curry

ферма
la granja

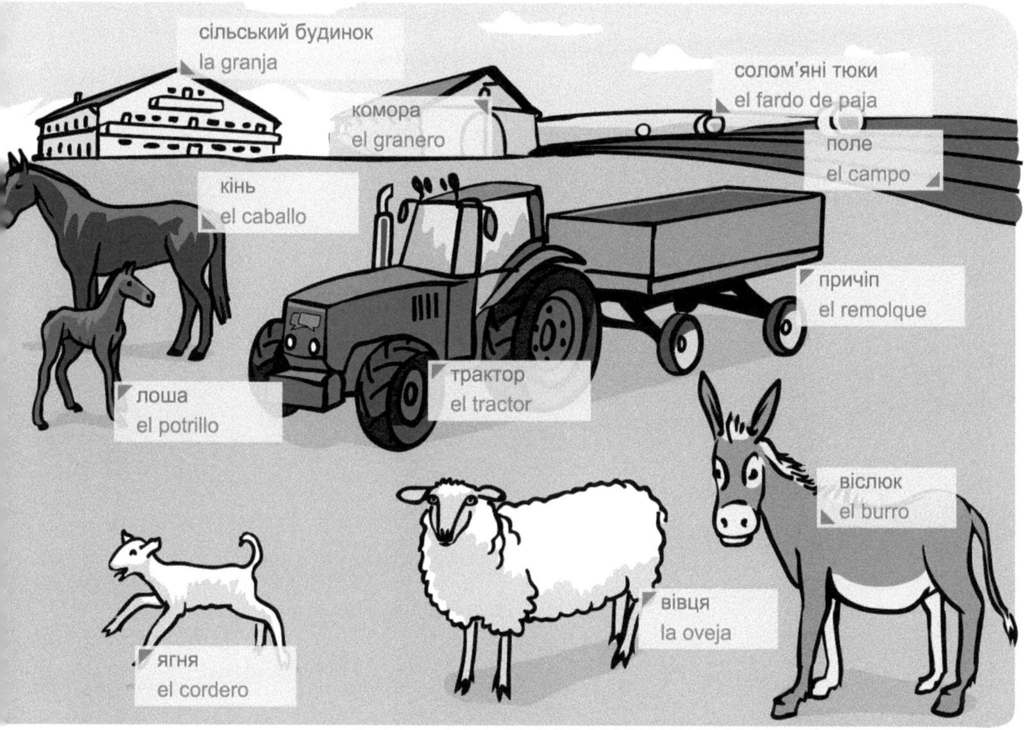

сільський будинок
la granja
комора
el granero
солом'яні тюки
el fardo de paja
поле
el campo
кінь
el caballo
причіп
el remolque
трактор
el tractor
лоша
el potrillo
віслюк
el burro
вівця
la oveja
ягня
el cordero

коза

la cabra

корова

la vaca

теля

el ternero

свиня

el cerdo

порося

el lechón

бик

el toro

гусак

el ganso

качка

el pato

курча

el pollo

курка

la gallina

півень

el gallo

щур

la rata

кіт

el gato

миша

el ratón

віл

el buey

собака

el perro

собача будка

la cucha

садовий шланг

la manguera

лійка

la regadera

коса

la guadaña

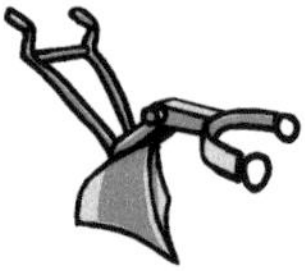

плуг

el arado

серп

la hoz

мотика

la azada

вила

la horquilla

сокира

el hacha

тачка

la carretilla

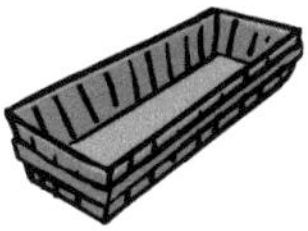

корито

el abrevadero

бідон молока

la lechera

мішок

la bolsa

паркан

la reja

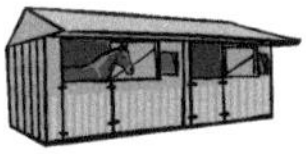

хлів

el establo

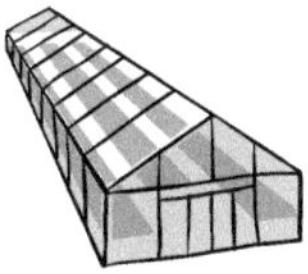

теплиця

el invernadero

ґрунт

el suelo

насіння

la semilla

добриво

el fertilizador

комбайн

la cosechadora

пожинати

cosechar

урожай

la cosecha

корінь ямсу

las batatas

пшениця

el trigo

соя

la soja

картопля

la papa

кукурудза

el maíz

ріпак

la semilla de colza

плодове дерево

el árbol frutal

маніок

la mandioca

злаки

los cereales

дім

la casa

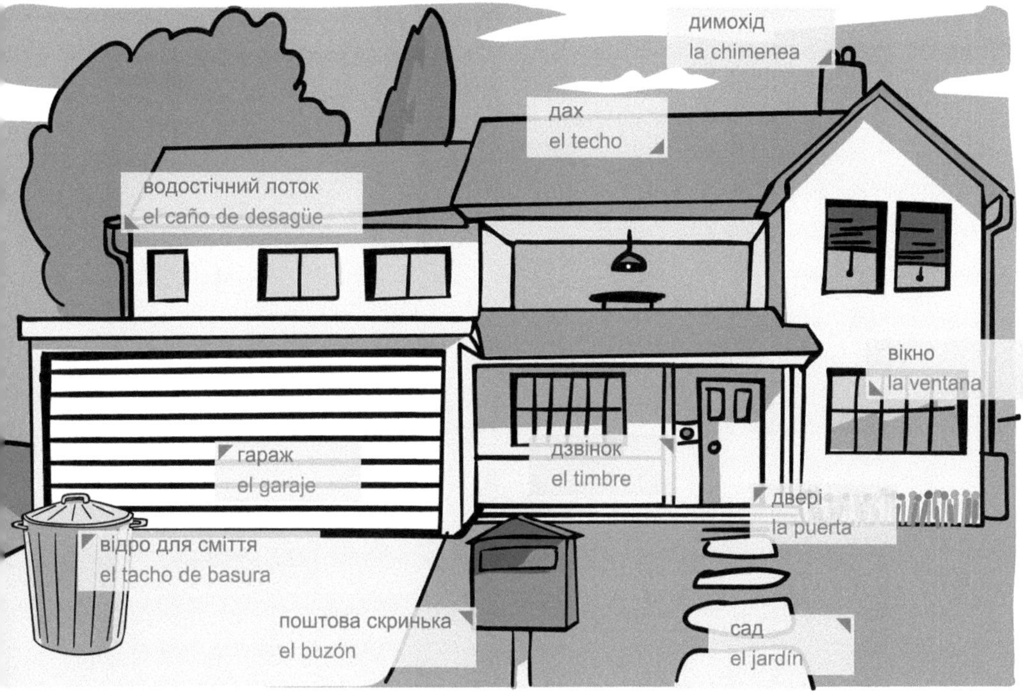

димохід
la chimenea
дах
el techo
водостічний лоток
el caño de desagüe
вікно
la ventana
гараж
el garaje
дзвінок
el timbre
двері
la puerta
відро для сміття
el tacho de basura
поштова скринька
el buzón
сад
el jardín

вітальня

el living

ванна кімната

el baño

кухня

la cocina

спальня

el dormitorio

дитяча кімната

el cuarto de los chicos

їдальня

el comedor

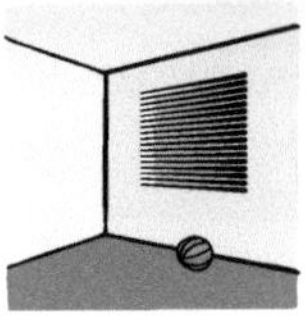

підлога

el piso

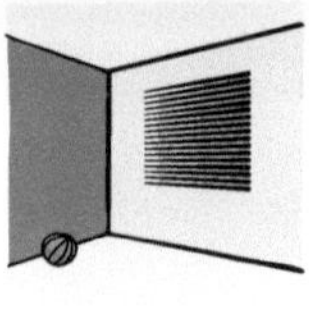

стіна

la pared

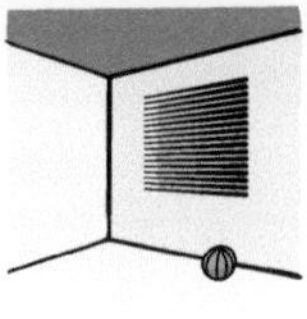

стеля

el cielorraso

підвал

el sótano

сауна

el sauna

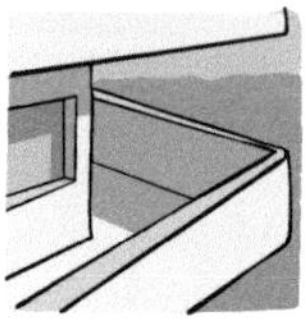

балкон

el balcón

тераса

la terraza

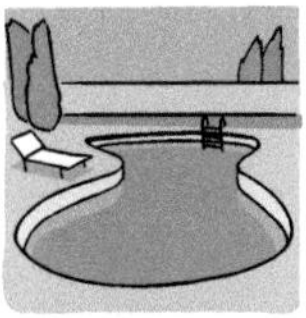

басейн

la pileta

косарка

la cortadora de pasto

простирало

la sábana

ковдра

el acolchado

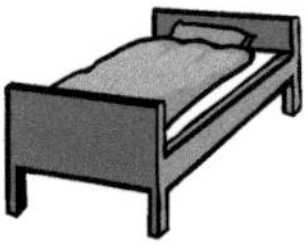

ліжко

la cama

мітла

la escoba

відро

el balde

перемикач

el interruptor

вітальня
el living

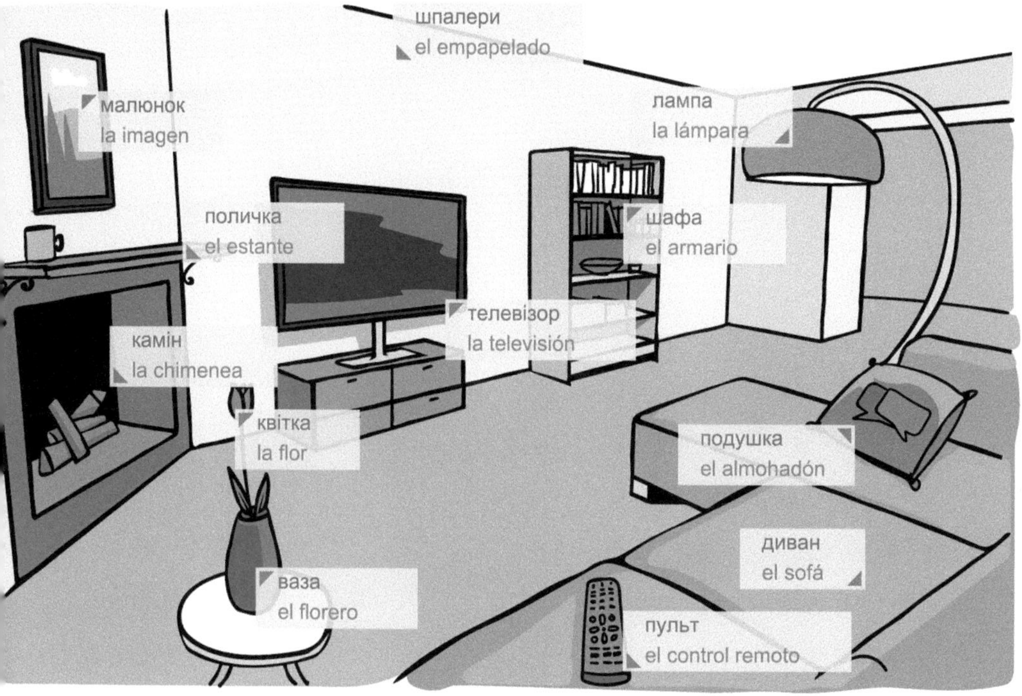
шпалери
el empapelado
малюнок
la imagen
лампа
la lámpara
поличка
el estante
шафа
el armario
телевізор
la televisión
камін
la chimenea
квітка
la flor
подушка
el almohadón
диван
el sofá
ваза
el florero
пульт
el control remoto

килим
la alfombra

завіса
la cortina

стіл
la mesa

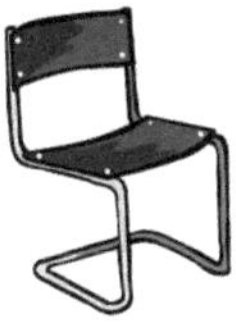

стілець
la silla

крісло-гойдалка
la mecedora

крісло
el sillón

книга

el libro

ковдра

la frazada

прикраса

la decoración

дрова

la leña

фільм

la película

стереосистема

el equipo de música

ключ

la llave

газета

el diario

картина

la pintura

плакат

el póster

радіо

la radio

блокнот

el cuaderno

пилосос

la aspiradora

кактус

el cactus

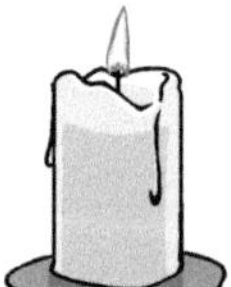

свічка

la vela

кухня
la cocina

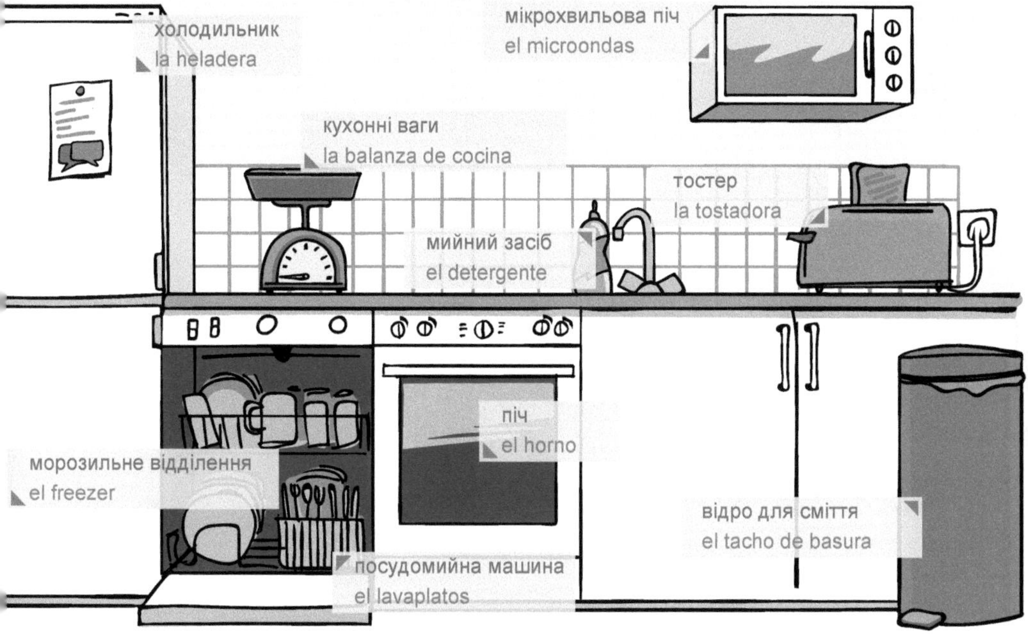
холодильник
la heladera
мікрохвильова піч
el microondas
кухонні ваги
la balanza de cocina
тостер
la tostadora
мийний засіб
el detergente
піч
el horno
морозильне відділення
el freezer
відро для сміття
el tacho de basura
посудомийна машина
el lavaplatos

плита
la cocina

горщик
la olla

чавунний горщик
la olla de hierro fundido

вок / кадай
el wok

сковорода
la sartén

чайник
la pava

пароварка

la vaporera

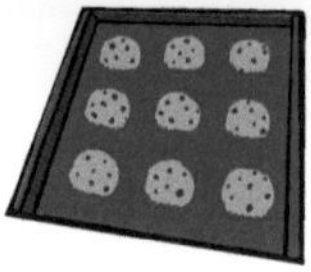

лист

la bandeja de horno

посуд

la vajilla

кухоль

la taza

чаша

el bol

палички для їжі

los palitos

черпак

el cucharón

лопатка

la espátula

вінчик для збивання

la batidora

сито

el colador

сито

el colador

терка

el rallador

ступка

el mortero

барбекю

la parrilla

багаття

la fogata

дошка

la tabla de picar

качалка

el palo de amasar

штопор

el sacacorchos

консерва

la lata

відкривачка

el abrelatas

прихватки

la manopla

раковина

la pileta

щітка

el cepillo

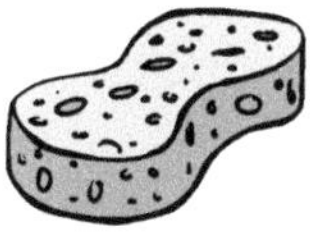

губка

la esponja

міксер

la batidora

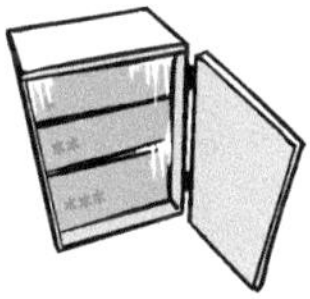

морозильна камера

el congelador

дитяча пляшка

la mamadera

кран

la canilla

ванна кімната

el baño

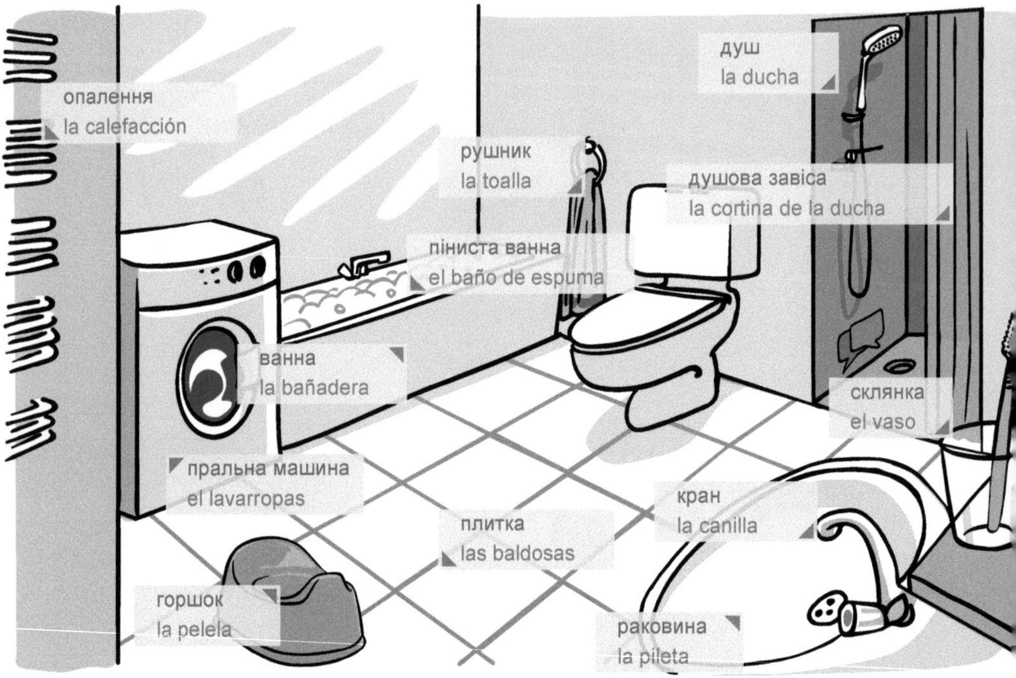

опалення
la calefacción
рушник
la toalla
душ
la ducha
душова завіса
la cortina de la ducha
пiниста ванна
el baño de espuma
ванна
la bañadera
склянка
el vaso
пральна машина
el lavarropas
кран
la canilla
плитка
las baldosas
горшок
la pelela
раковина
la pileta

туалет

el inodoro

підлоговий туалет

la letrina

біде

el bidé

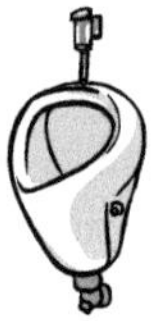

пісуар

el mingitorio

туалетний папір

el papel higiénico

щітка для туалету

el cepillo para el inodoro

зубна щітка

el cepillo de dientes

зубна паста

el dentífrico

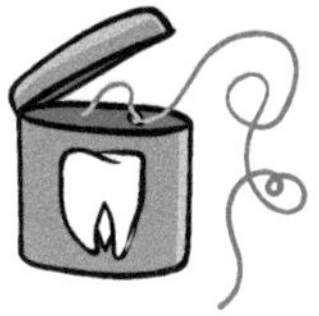

нитка для чищення зубів

el hilo dental

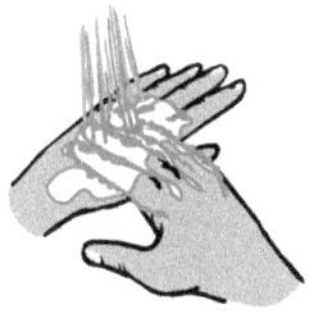

мити

lavar

ручний душ

la ducha de mano

інтимний душ

la ducha higiénica

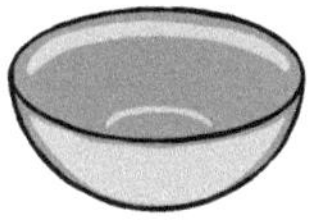

таз

la palangana

щітка для спини

el cepillo para la espalda

мило

el jabón

гель для душу

el gel de ducha

шампунь

el shampoo

мочалка

la toallita

водостік

el desagüe

крем

la crema

дезодорант

el desodorante

дзеркало

el espejo

косметичне дзеркало

el espejito

бритва

la maquinita de afeitar

піна для гоління

la espuma de afeitar

лосьйон після гоління

el aftershave

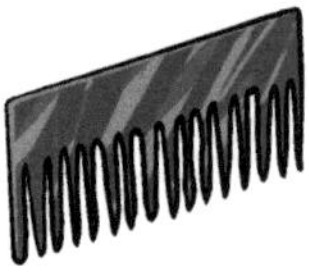

гребінь

el peine

щітка

el cepillo

фен

el secador de pelo

лак для волосся

el spray

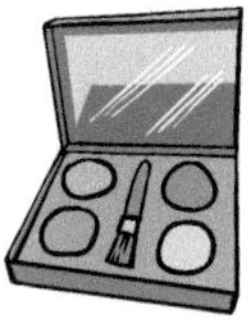

косметика

el maquillaje

губна помада

el lápiz de labios

лак для нігтів

el esmalte para uñas

вата

el algodón

ножиці для нігтів

la tijera para uñas

парфум

el perfume

косметичка

el portacosméticos

табурет

la banqueta

ваги

la balanza

халат

la bata

гумові рукавички

los guantes de goma

тампон

el tampón

гігієнічні прокладки

la toallita femenina

біотуалет

el baño químico

дитяча кімната

el cuarto de los chicos

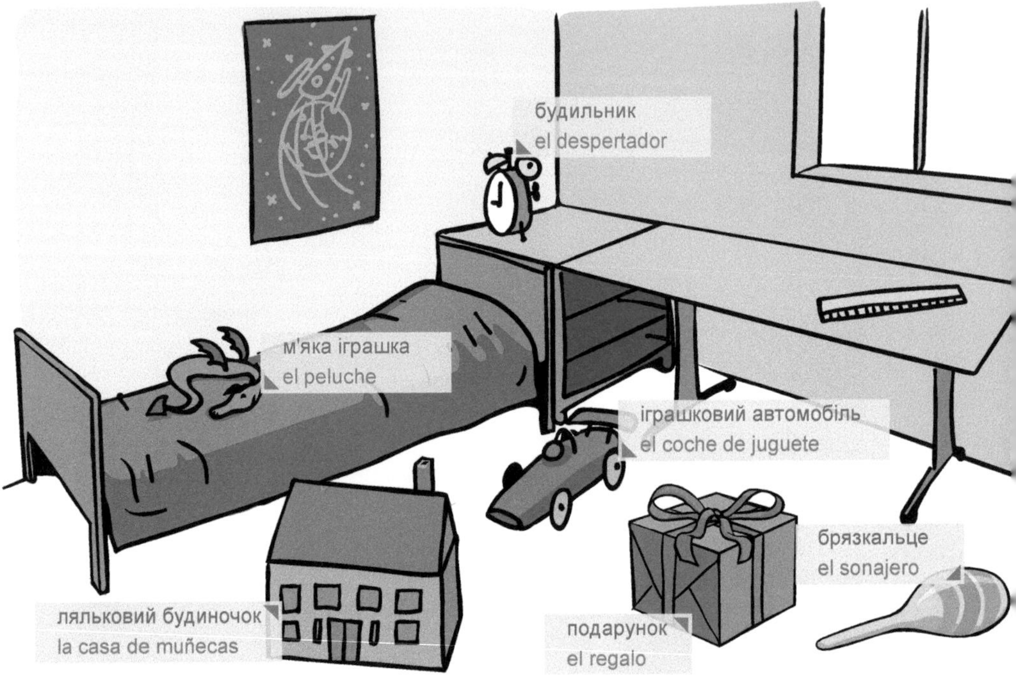
будильник
el despertador
м'яка іграшка
el peluche
іграшковий автомобіль
el coche de juguete
брязкальце
el sonajero
ляльковий будиночок
la casa de muñecas
подарунок
el regalo

повітряна кулька

el globo

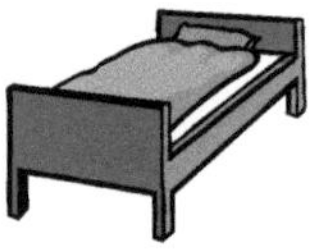

ліжко

la cama

дитячий візок

el cochecito

картярська гра

las cartas

пазл

el rompecabezas

SUPER
MEGA

комікс

la historieta

лего цеглинки

las piezas de lego

блоки

los ladrillos de juguete

іграшкова фігурка

la figura de acción

повзунки

el enterito (de bebé)

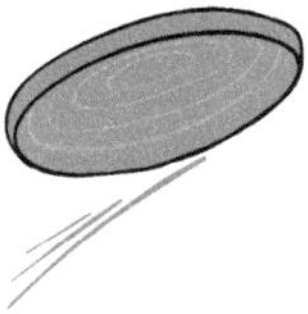

фризбі

el frisbee

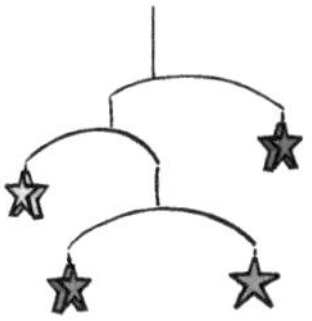

мобіле

el móvil para bebés

настільна гра

el juego de mesa

кубик

los dados

модель залізнична станція

el tren eléctrico

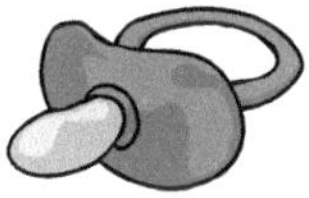

соска

el chupete

вечірка

la fiesta

книжка з картинками

el libro de cuentos ilustrado

м'яч

la pelota

лялька

la muñeca

грати

jugar

пісочниця

el arenero

гойдалка

la hamaca

іграшка

los juguetes

гральна консоль

la consola de videojuegos

триколісний велосипед

el triciclo

плюшевий мішка

el osito de peluche

шафа

el armario

одяг

la ropa

шкарпетки

las medias

панчохи

las medias panty

колготки

las calzas

шарф
la bufanda

парасоля
el paraguas

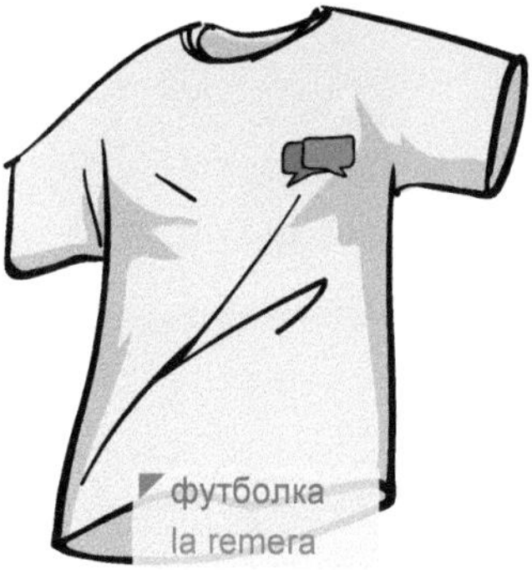
футболка
la remera

ремінь
el cinturón

чоботи
las botas

кросівки
las zapatillas

домашнє взуття
las pantuflas

сандалі

las sandalias

взуття

los zapatos

гумові чоботи

las botas de goma

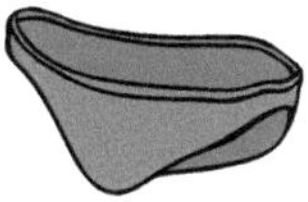

труси

la ropa interior

бюстгальтер

el corpiño

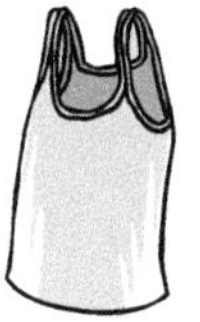

нижня сорочка

el chaleco

боді

el body

штани

los pantalones

джинси

los jeans

спідниця

la pollera

блузка

la blusa

сорочка

la camisa

пуловер

el pulóver

светр

el buzo

піджак

el blazer

куртка

la campera

пальто

el tapado

дощовик

el piloto

костюм

el traje

сукня

el vestido

весільна сукня

el vestido de novia

костюм

el traje

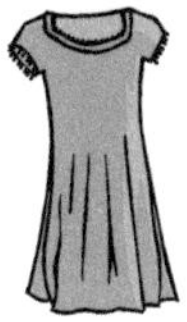

нічна сорочка

el camisón

піжама

el pijama

сарі

el sari

головна хустка

el pañuelo para la cabeza

чалма

el turbante

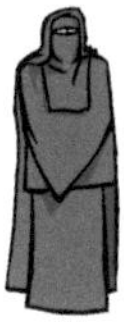

бурка

la burka

кафтан

el caftán

абая

la abaya

купальник

el traje de baño

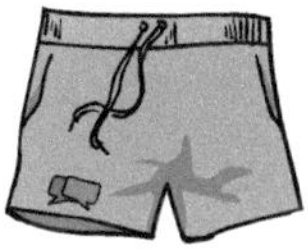

плавки

el short de baño

шорти

los shorts

тренувальний костюм

el jogging

фартух

el delantal

рукавички

los guantes

гудзик

el botón

окуляри

los anteojos

браслет

la pulsera

ланцюг

el collar

кільце

el anillo

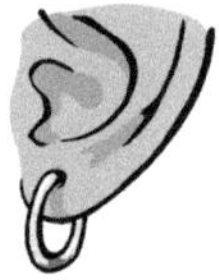

сережка

el aro

шапка

la gorra

плічка

la percha

капелюх

el sombrero

краватка

la corbata

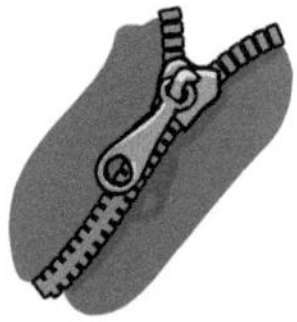

застібка-блискавка

el cierre

шолом

el casco

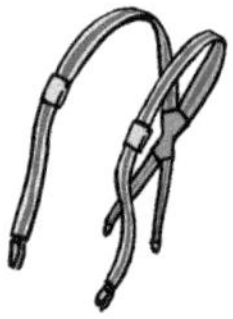

підтяжки

los tiradores

шкільна форма

el uniforme escolar

уніформа

el uniforme

нагрудник

el babero

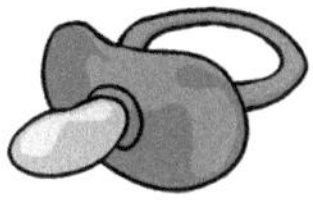

соска

el chupete

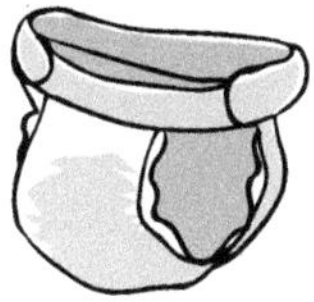

підгузок

el pañal

офіс
la oficina

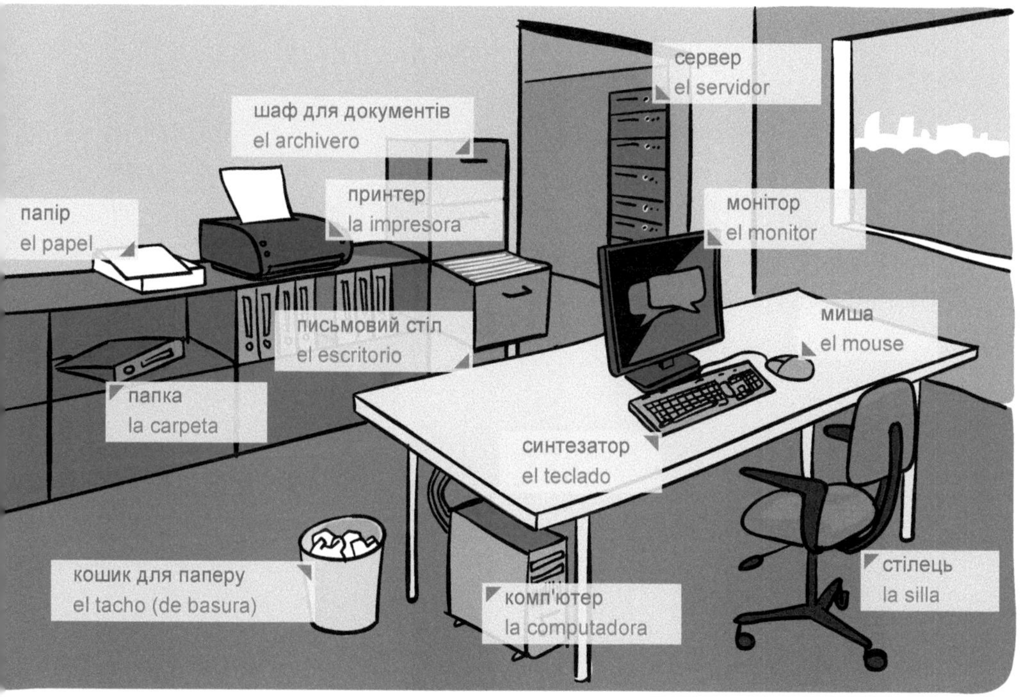

сервер
el servidor
шаф для документів
el archivero
принтер
la impresora
папір
el papel
монітор
el monitor
миша
el mouse
письмовий стіл
el escritorio
папка
la carpeta
синтезатор
el teclado
кошик для паперу
el tacho (de basura)
комп'ютер
la computadora
стілець
la silla

кавовий кухоль

la taza de café

калькулятор

la calculadora

інтернет

el internet

ноутбук

la laptop

лист

la carta

повідомлення

el mensaje

мобільний телефон

el celular

мережа

la red

копіювальний пристрій

la fotocopiadora

програмне забезпечення

el software

телефон

el teléfono

розетка

el tomacorriente

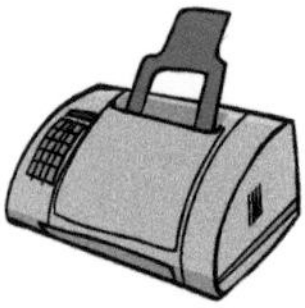

факс

el fax

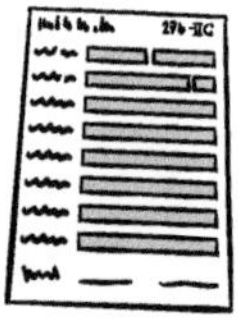

бланк

el formulario

документ

el documento

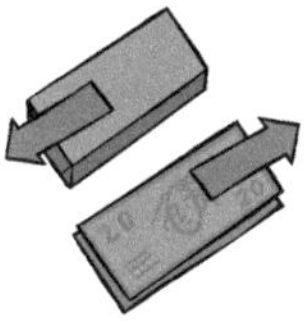
купувати

comprar

платити

pagar

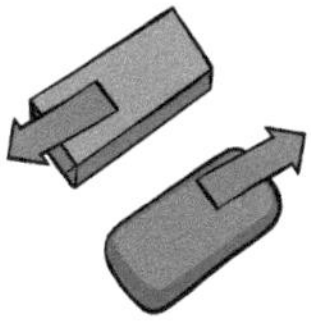
торгувати

hacer negocios

гроші

el dinero

долар

el dólar

євро

el euro

ієна

el yen

рубль

el rublo

франк

el franco suizo

юанів женьміньбі

el yuan

рупія

la rupia

банкомат

el cajero automático

обмінний пункт

la casa de cambio

золото

el oro

срібло

la plata

нафта

el petróleo

енергія

la energía

ціна

el precio

контракт

el contrato

податок

el impuesto

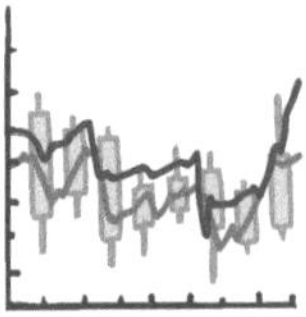

акція

la acción

працювати

trabajar

працівник

el empleado

роботодавець

el empleador

фабрика

la fábrica

магазин

el negocio

професії
las ocupaciones

поліцейський
el policía
пожежник
el bombero
повар
el cocinero
лікар
el médico
пілот
el piloto

садівник
el jardinero

столяр
el carpintero

швачка
la modista

суддя
el juez

хімік
el farmacéutico

актор
el actor

водій автобуса

el colectivero

таксист

el taxista

рибалка

el pescador

прибиральниця

la mucama

покрівельник

el techista

офіціант

el mozo

мисливець

el cazador

художник

el pintor

пекар

el panadero

електрик

el electricista

будівельник

el albañil

інженер

el ingeniero

забійник

el carnicero

бляхар

el plomero

листоноша

el cartero

солдат

el soldado

архітектор

el arquitecto

касир

el cajero

флорист

el florista

перукар

el peluquero

кондуктор

el cobrador

механік

el mecánico

капітан

el capitán

дантист

el dentista

вчений

el científico

рабин

el rabino

імам

el imán

монах

el monje

пастор

el sacerdote

інструменти
las herramientas

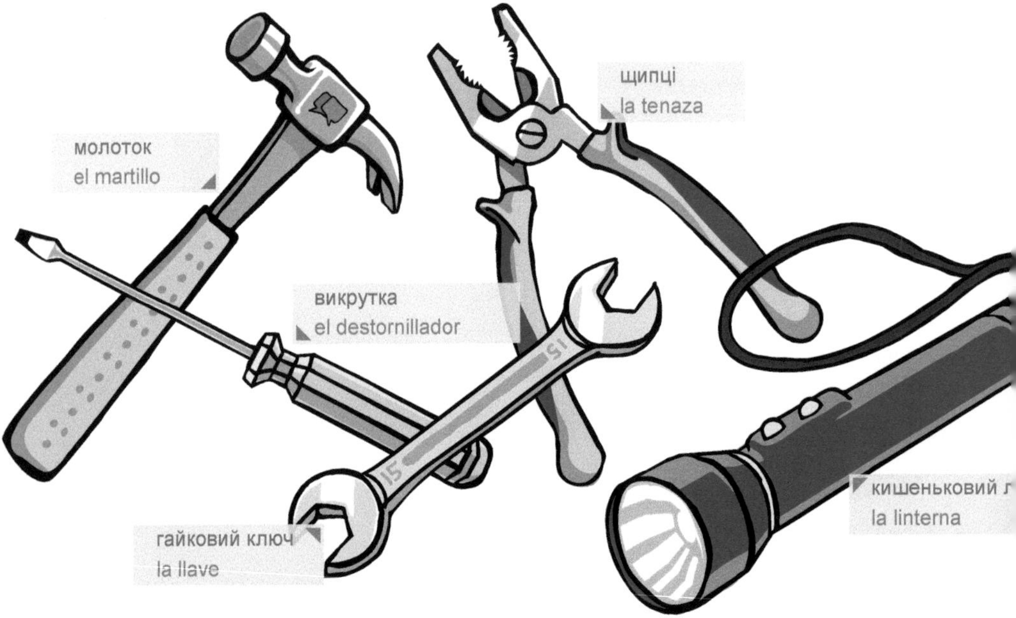

щипці
la tenaza
молоток
el martillo
викрутка
el destornillador
кишеньковий л
la linterna
гайковий ключ
la llave

екскаватор

la excavadora

ящик для інструментів

la caja de herramientas

драбина

la escalera portátil

пилка

la sierra

цвяхи

los clavos

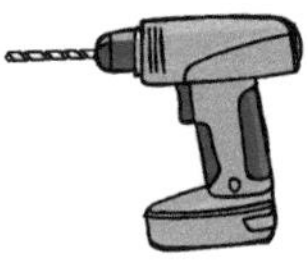

свердло

el taladro

ремонтувати

arreglar

лопата

la pala de jardín

лайно!

¡Qué bronca!

совок

la pala de plástico

відро з фарбою

el tacho de pintura

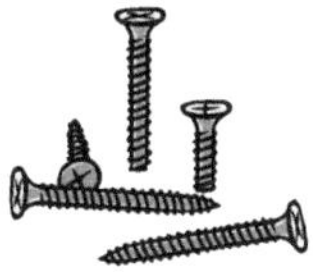

гвинти

los tornillos

музичні інструменти
los instrumentos musicales

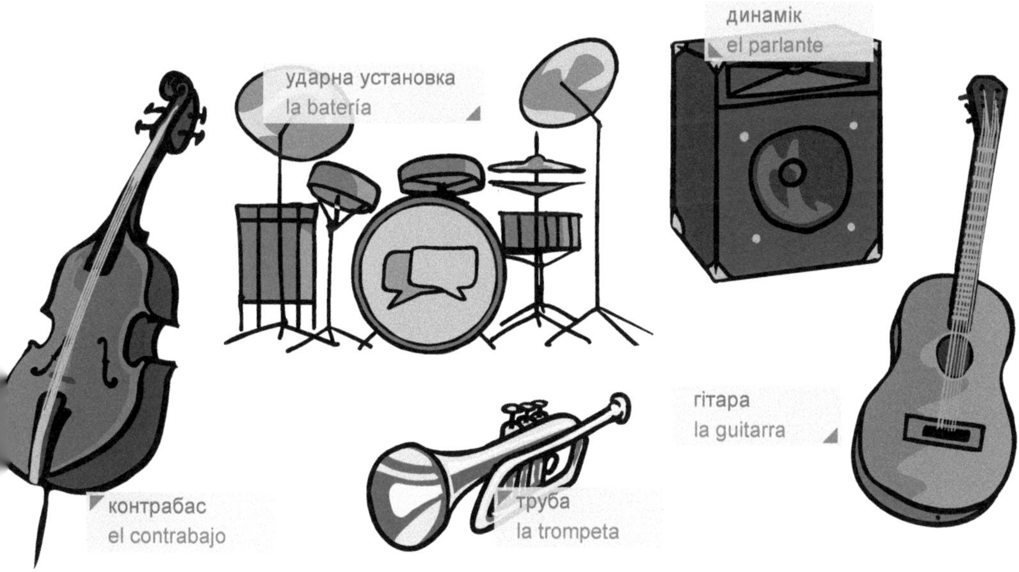
динамік
el parlante
ударна установка
la batería
гітара
la guitarra
контрабас
el contrabajo
труба
la trompeta

фортепіано

el piano

скрипка

el violín

бас

el bajo

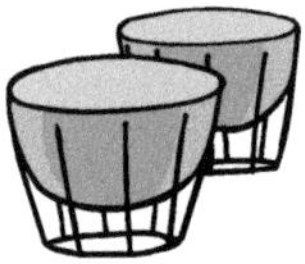

литаври

los timbales

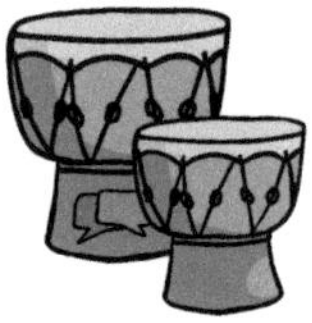

барабан

el tambor

клавіатура

el teclado

саксофон

el saxofón

флейта

la flauta

мікрофон

el micrófono

зоопарк
el zoológico

вхід
la entrada
тигр
el tigre
клітка
la jaula
зебра
la cebra
корм
el alimento para animales
панда
el oso panda

тварини

los animales

слон

el elefante

кенгуру

el canguro

носоріг

el rinoceronte

горила

el gorila

ведмідь

el oso

верблюд

el camello

страус

el avestruz

лев

el león

мавпа

el mono

фламінго

el flamenco

папуга

el loro

білий ведмідь

el oso polar

пінгвін

el pingüino

акула

el tiburón

павич

el pavo real

змія

la serpiente

крокодил

el cocodrilo

працівник зоопарку

el cuidador del zoológico

тюлень

la foca

ягуар

el jaguar

поні

el poni

леопард

el leopardo

гіпопотам

el hipopótamo

жираф

la jirafa

орел

el águila

кабан

el jabalí

риба

el pescado

черепаха

la tortuga

морж

la morsa

лисиця

el zorro

газель

la gacela

американський футбол
el fútbol americano
їзда на велосипеді
el ciclismo
теніс
el tenis
баскетбол
el básquet
плавання
la natación
бокс
el boxeo
хокей
el hockey sobre hielo

футбол

el fútbol

бадмінтон

el bádminton

легка атлетика

el atletismo

гандбол

el handball

лижні перегони

el esquí

поло

el polo

las actividades

стрибати
saltar
обіймати
abrazar
сміятися
reír
йти
caminar
співати
cantar
мріяти
soñar
молитися
rezar
цілувати
besar

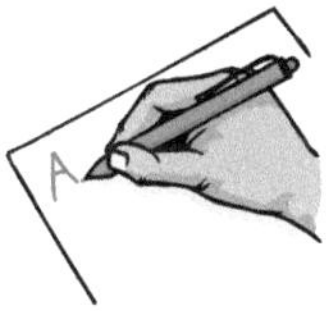

писати
escribir

малювати
dibujar

показувати
mostrar

тиснути
presionar

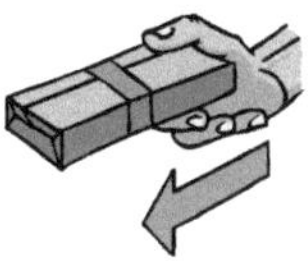

давати
dar

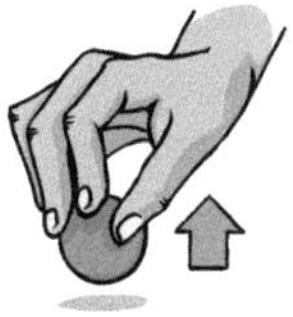

брати
tomar

мати

tener

робити

hacer

бути

ser

стояти

estar parado

бігати

correr

тягнути

tirar

кидати

tirar

падати

caer

лежати

estar acostado

очікувати

esperar

носити

llevar

сидіти

estar sentado

одягати

vestirse

спати

dormir

просипатися

despertar

дивитися

mirar

плакати

llorar

гладити

acariciar

розчісувати

peinar

розмовляти

hablar

розуміти

entender

питати

preguntar

слухати

escuchar

пити

beber

їсти

comer

прибирати

ordenar

любити

amar

варити

cocinar

їхати

manejar

літати

volar

йти під вітрилом

navegar

рахувати

calcular

читати

leer

вчитися

aprender

працювати

trabajar

одружуватися

casarse

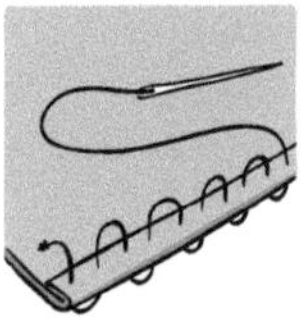

шити

coser

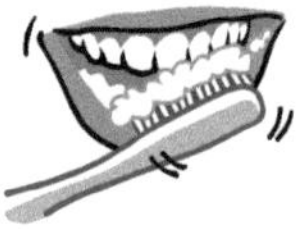

чистити зуби

cepillarse los dientes

убивати

matar

курити

fumar

посилати

enviar

сім'я
la familia

бабуся
la abuela
дідуся
el abuelo
батько
el padre
мати
la madre
немовля
el bebé
донька
la hija
син
el hijo

гість
el invitado

тітка
la tía

дядько
el tío

брат
el hermano

сестра
la hermana

тіло

el cuerpo

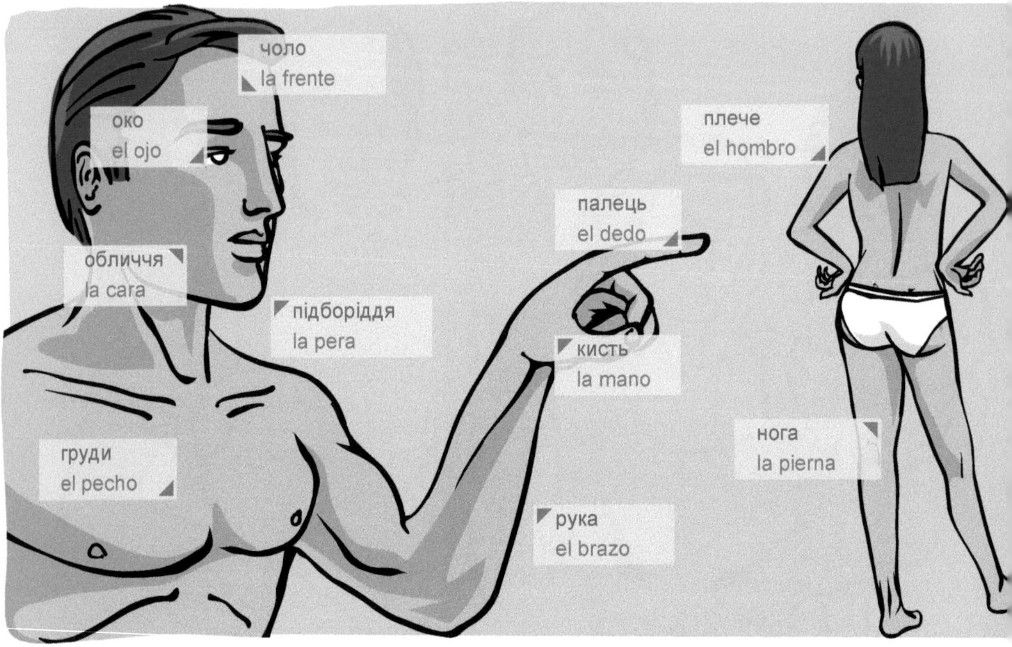

чоло
la frente
око
el ojo
плече
el hombro
палець
el dedo
обличчя
la cara
підборіддя
la pera
кисть
la mano
нога
la pierna
груди
el pecho
рука
el brazo

немовля

el bebé

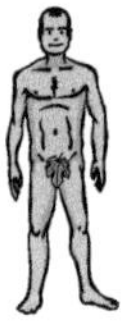

чоловік

el hombre

жінка

la mujer

дівчина

la nena

хлопчик

el nene

голова

la cabeza

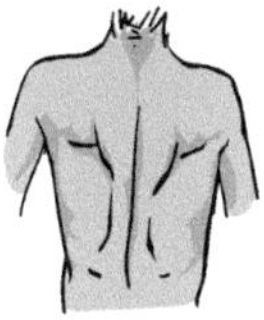

спина

la espalda

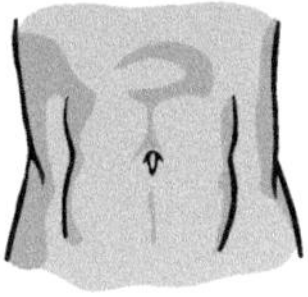

живіт

la panza

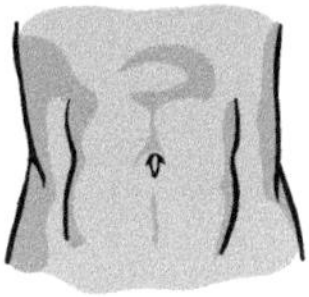

пуп

el ombligo

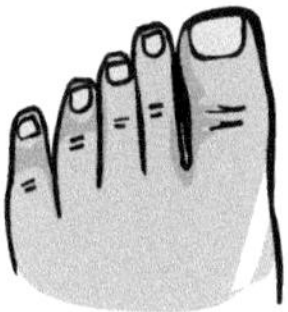

палець ноги

el dedo del pie

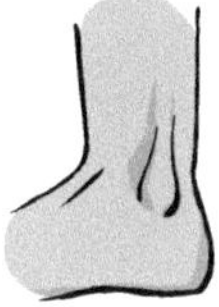

п’ята

el talón

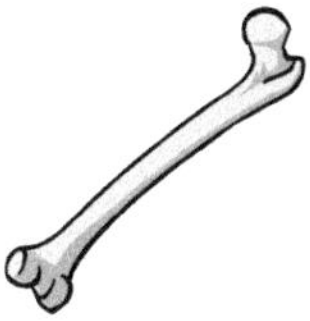

кістка

el hueso

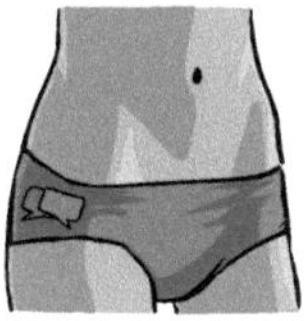

стегно

la cadera

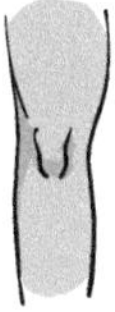

коліно

la rodilla

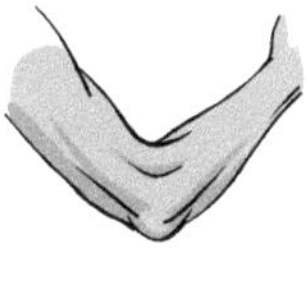

лікоть

el codo

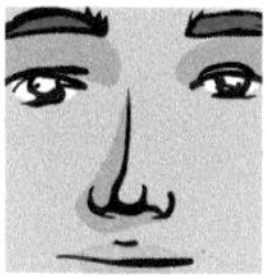

ніс

la nariz

сідниці

la cola

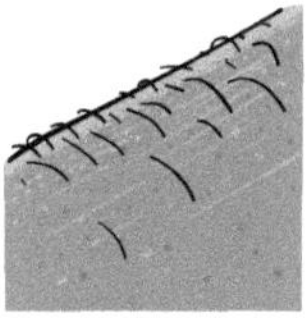

шкіра

la piel

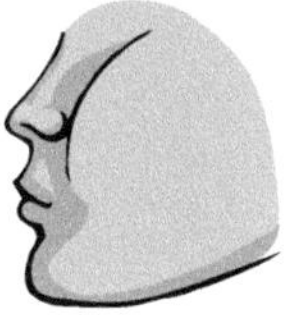

щока

el cachete

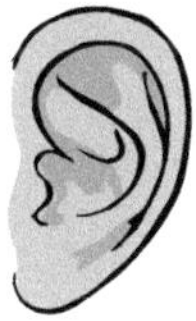

вухо

la oreja

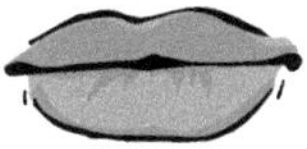

губа

el labio

рот

la boca

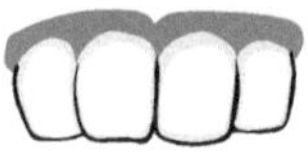

зуб

el diente

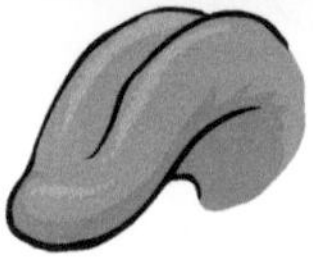

язик

la lengua

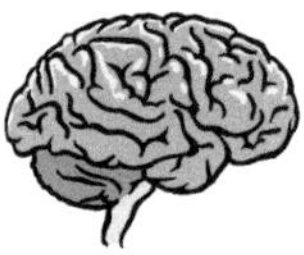

мозок

el cerebro

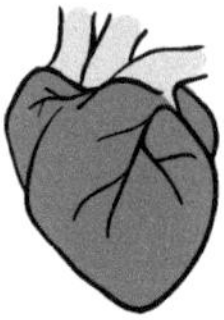

серце

el corazón

м'яз

el músculo

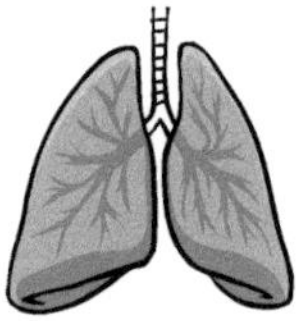

легені

el pulmón

печінка

el hígado

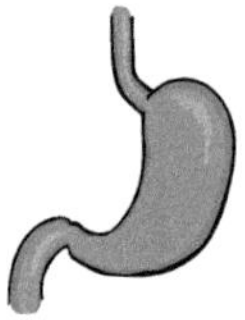

шлунок

el estómago

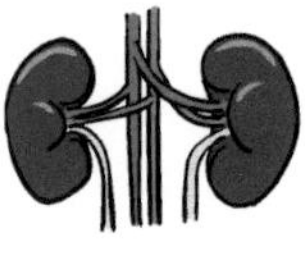

нирки

los riñones

статевий акт

el sexo

презерватив

el preservativo

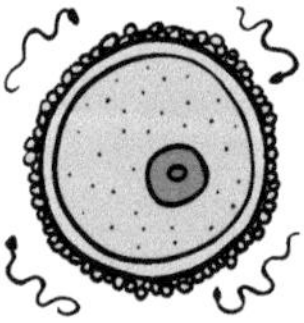

яйцеклітина

el óvulo

сперма

el semen

вагітність

el embarazo

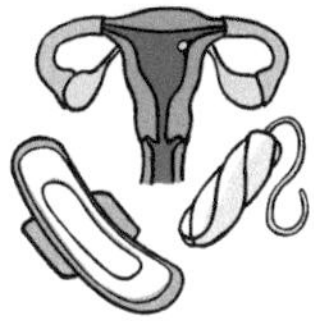

менструація

la menstruación

вагіна

la vagina

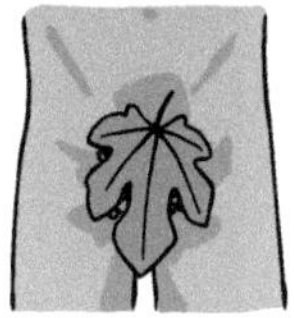

пеніс

el pene

брова

la ceja

волосся

el pelo

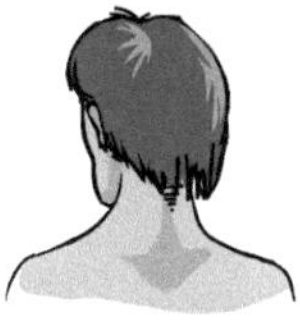

шия

el cuello

лікарня
el hospital

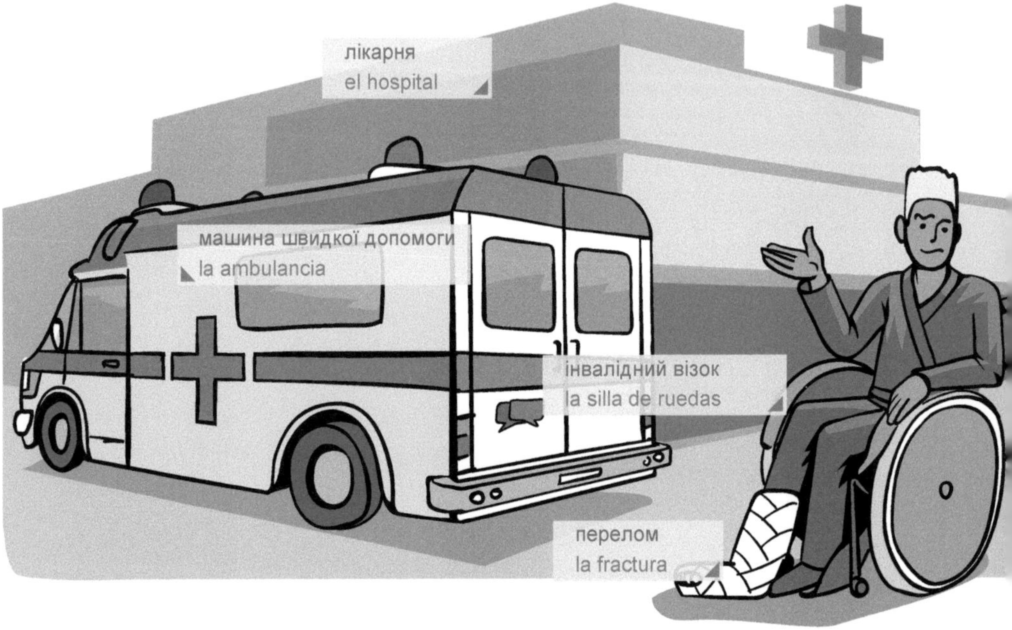
лікарня
el hospital
машина швидкої допомоги
la ambulancia
інвалідний візок
la silla de ruedas
перелом
la fractura

лікар

el médico

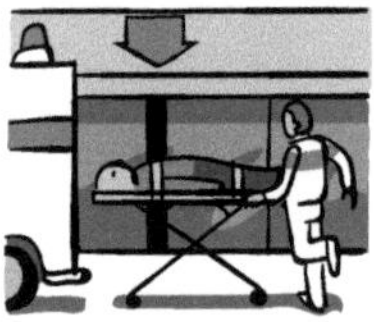

відділення швидкої медичної допомоги

la sala de guardia

медсестра

la enfermera

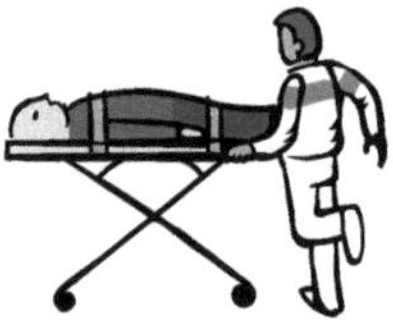

аварійний випадок

la emergencia

непритомний

inconsciente

біль

el dolor

травма

la lesión

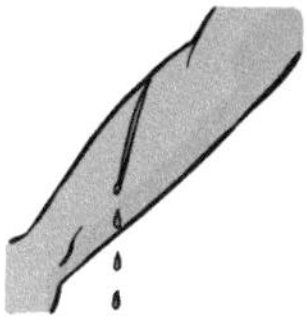

кровотеча

la hemorragia

інфаркт

el infarto

інсульт

el ACV

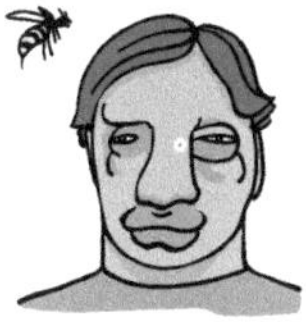

алергія

la alergia

кашель

la tos

лихоманка

la fiebre

грип

la gripe

пронос

la diarrea

головна біль

el dolor de cabeza

рак

el cáncer

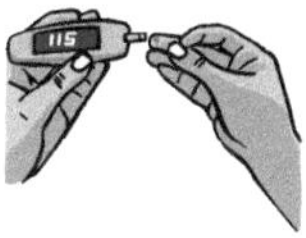

діабет

la diabetes

хірург

el cirujano

скальпель

el bisturí

операція

la operación

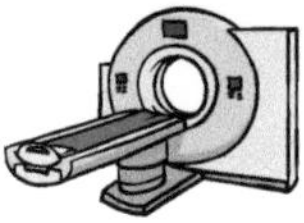

КТ

la TC

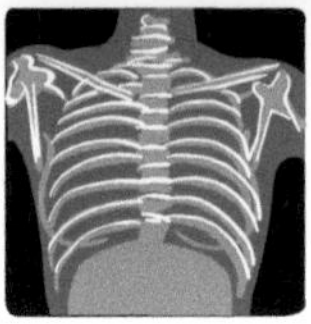

рентген

los rayos x

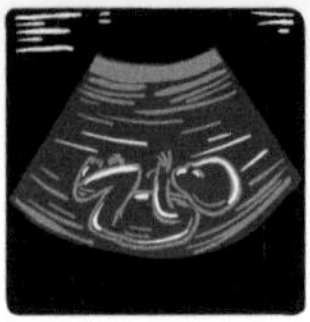

ультразвук

la ecografía

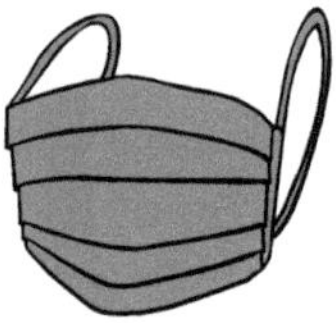

маска

el barbijo

хвороба

la enfermedad

зал очікування

la sala de espera

милиця

la muleta

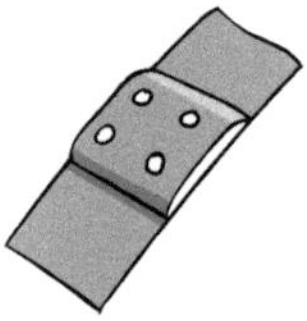

пластир

la curita

пов’язка

la venda

ін'єкція

la inyección

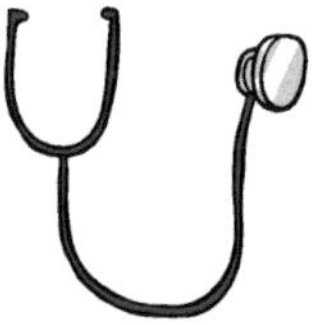

стетоскоп

el estetoscopio

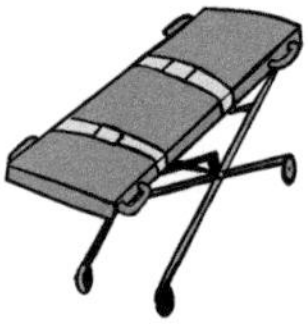

ноші

la camilla

термометр

el termómetro

народження

el nacimiento

надмірна вага

el sobrepeso

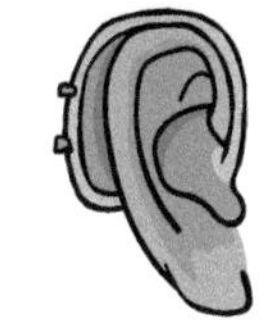

слуховий апарат

el audífono

дезінфікуючий засіб

el desinfectante

інфекція

la infección

вірус

el virus

ВІЛ / СНІД

el VIH / SIDA

медицина

el remedio

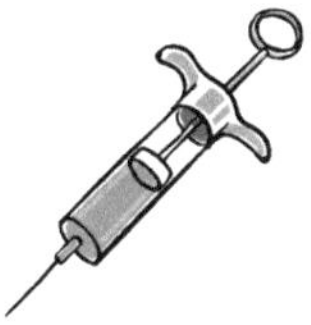

вакцинація

la vacunación

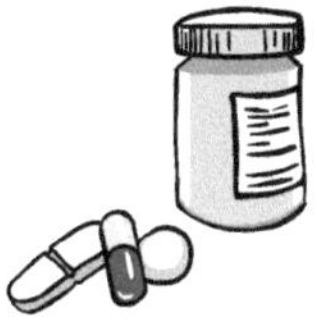

таблетки

los comprimidos

протизаплідна пігулка

la pastilla anticonceptiva

екстрений виклик

a llamada de emergencia

тонометр

el tensiómetro

хворий / здоровий

enfermo / sano

аварійний випадок

la emergencia

Допоможіть!

¡Ayuda!

сигнал тривоги

la alarma

напад

la agresión

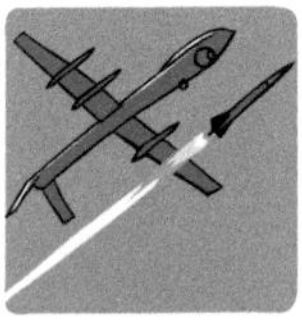

атака

el ataque

небезпека

el peligro

аварійний вихід

la salida de emergencia

Вогонь!

¡Fuego!

вогнегасник

el matafuego

аварія

el accidente

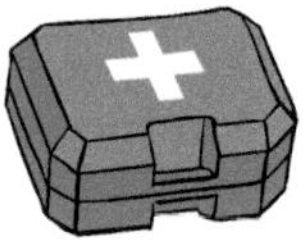

аптечка

el botiquín de primeros auxilios

СОС

el SOS

поліція

la policía

Земля
la Tierra

Європа

Europa

Північна Америка

América del Norte

Південна Америка

América del Sur

Африка

África

Азія

Asia

Австралія

Australia

Атлантика

el Atlántico

Тихий океан

el Pacífico

Індійський океан

el Océano Índico

Антарктичний океан

el Océano Antártico

Північний Льодовитий океан

el Océano Ártico

Північний полюс

el polo norte

Південний полюс

el polo sur

Антарктика

la Antártida

Земля

la Tierra

суша

la tierra

море

el mar

острів

la isla

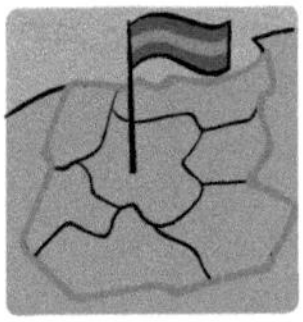

нація

la nación

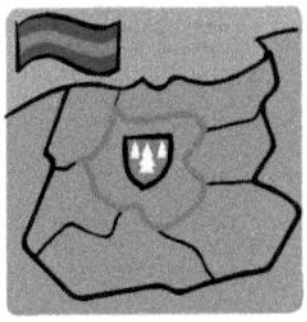

держава

el estado

годинник
el reloj

циферблат

la esfera

годинникова стрілка

la manecilla de las horas

хвилинна стрілка

el minutero

секундна стрілка

el segundero

Котра година?

¿Qué hora es?

день

el día

час

la hora

зараз

ahora

цифровий годинник

el reloj digital

хвилина

el minuto

година

la hora

тиждень

la semana

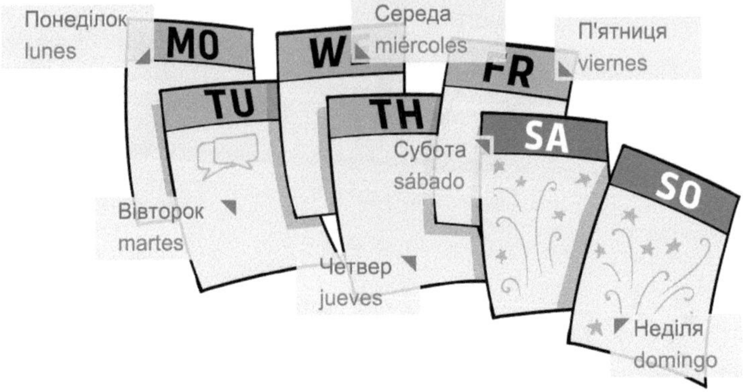
MO
TU
W
TH
FR
SA
SO
Понеділок
lunes
Вівторок
martes
Середа
miércoles
Четвер
jueves
П'ятниця
viernes
Субота
sábado
Неділя
domingo

TUE
MON
1

вчора

ayer

TUE
2

сьогодні

hoy

TUE
3

завтра

mañana

ранок

la mañana

опівдні

el mediodía

вечір

la tarde

MO TU WE TH FR SA SU

робочі дні

los días hábiles

MO TU WE TH FR SA SU

кінець робочого тижня

el fin de semana

рік

el año

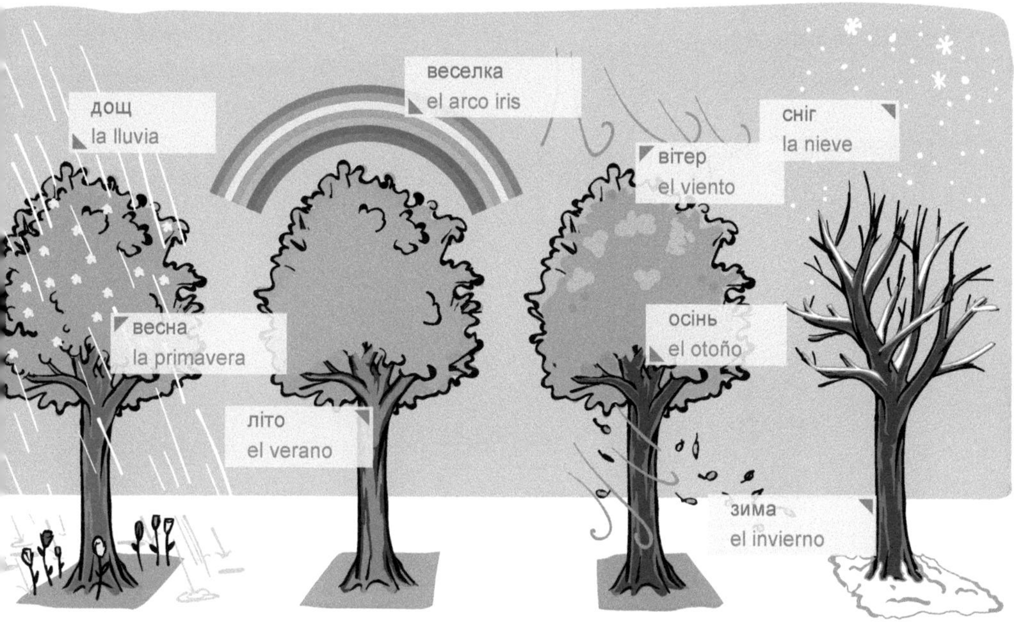
дощ
la lluvia
веселка
el arco iris
сніг
la nieve
вітер
el viento
весна
la primavera
осінь
el otoño
літо
el verano
зима
el invierno

4.APRIL 11°
5.APRIL 4°
6.APRIL 13°
7.APRIL 8°
8.APRIL 10°

прогноз погоди

pronóstico meteorológico

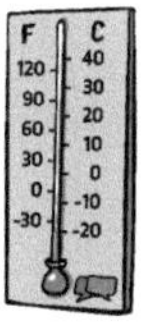
F C
120 40
90 30
60 20
30 10
0 0
-30 -10
-20

термометр

el termómetro

сонячне світло

la luz del sol

хмара

la nube

туман

la niebla

вологість повітря

la humedad

блискавка

el rayo

грім

el trueno

шторм

la tormenta

град

el granizo

мусон

el monzón

повінь

la inundación

лід

el hielo

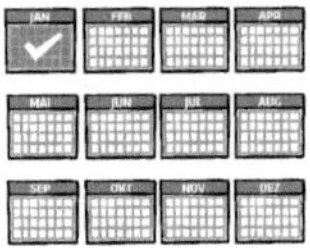

Січень

enero

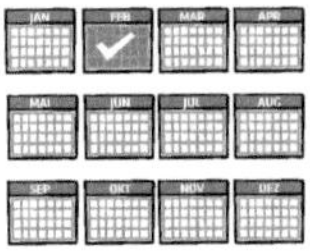

Лютий

febrero

Березень

marzo

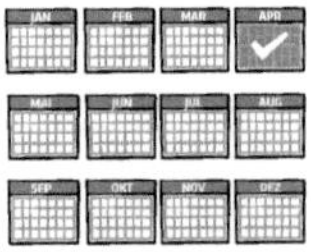

Квітень

abril

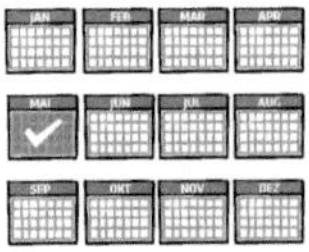

Травень

mayo

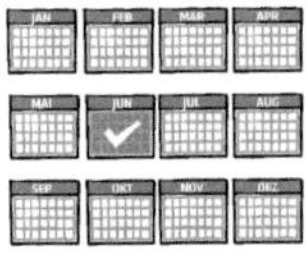

Червень

junio

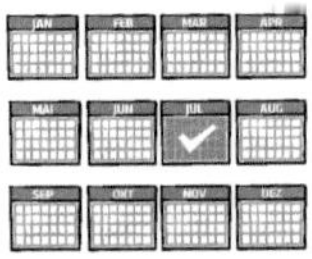

Липень

julio

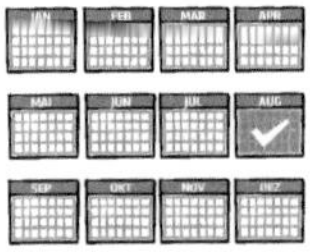

Серпень

agosto

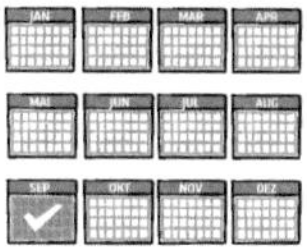

Вересень

septiembre

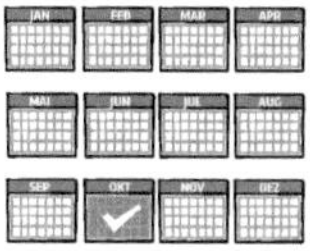

Жовтень

octubre

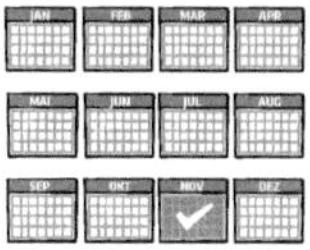

Листопад

noviembre

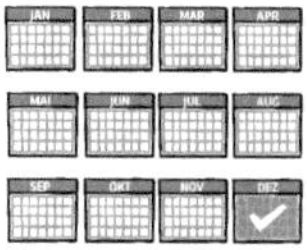

Грудень

diciembre

форми

las formas

круг

el círculo

квадрат

el cuadrado

прямокутник

el rectángulo

трикутник

el triángulo

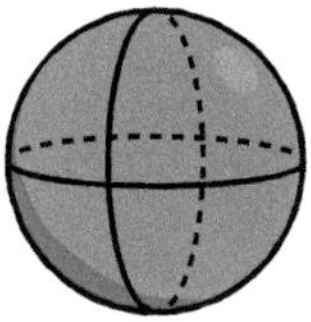

куля

la esfera

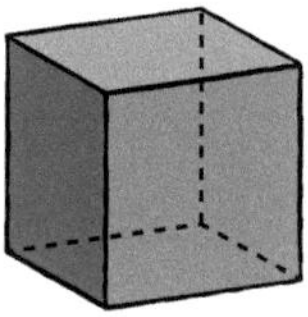

куб

el cubo

фарби

colores

білий

blanco

жовтий

amarillo

помаранчевий

naranja

рожевий

rosa

червоний

rojo

фіолетовий

violeta

синій

azul

зелений

verde

коричневий

marrón

сірий

gris

чорний

negro

протилежності

los opuestos

багато / мало

mucho / poco

лютий / мирний

enojado / tranquilo

гарний / бридкий

lindo / feo

початок / кінець

el principio / el fin

великий / малий

grande / chico

світлий / темний

claro / oscuro

брат / сестра

el hermano / la hermana

чистий / брудний

limpio / sucio

завершений / незавершений

completo / incompleto

день / ніч

el día / la noche

мертвий / живий

muerto / vivo

широкий / вузький

ancho / angosto

їстівний / неїстівний

comestible / no comestible

злий / дружній

malo / amable

збуджений / нудьгуючий

entusiasmado / aburrido

товстий / тонкий

gordo / flaco

спочатку / востаннє

primero / último

друг / ворог

el amigo / el enemigo

повний / порожній

lleno / vacío

жорсткий / м'який

duro / blando

важкий / легкий

pesado / liviano

голод / спрага

el hambre / la sed

хворий / здоровий

enfermo / sano

незаконний / законний

ilegal / legal

розумний / дурний

inteligente / estúpido

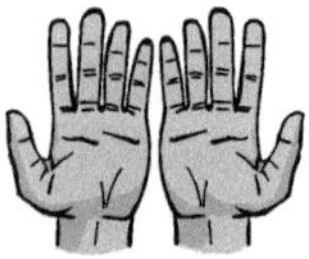

вліво / вправо

izquierda / derecha

поруч / далеко

cerca / lejos

новий / використаний

nuevo / usado

нічого / щось

nada / algo

старий / молодий

viejo / joven

вкл / викл

encendido / apagado

відкрито / закрито

abierto / cerrado

тихо / гучно

silencioso / ruidoso

багатий / бідний

rico / pobre

правильно / неправильно

correcto / incorrecto

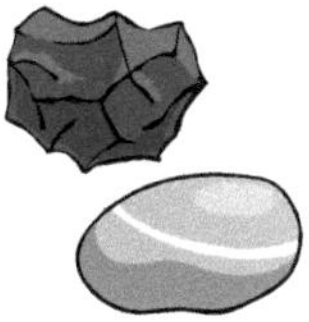

шорсткий / гладкий

áspero / suave

сумний / щасливий

triste / contento

короткий / довгий

corto / largo

повільно / швидко

lento / rápido

вологий / сухий

mojado / seco

гарячий / холодний

caliente / frío

війна / мир

guerra / paz

числа
los números

0	1	2
нуль	один	два
cero	uno	dos
3	4	5
три	чотири	п'ять
tres	cuatro	cinco
6	7	8
шість	сім	вісім
seis	siete	ocho
9	10	11
дев'ять	десять	одинадцять
nueve	diez	once

12

дванадцять

doce

13

тринадцять

trece

14

чотирнадцять

catorce

15

п'ятнадцять

quince

16

шістнадцять

dieciséis

17

сімнадцять

diecisiete

18

вісімнадцять

dieciocho

19

дев'ятнадцять

diecinueve

20

двадцять

veinte

100

сто

cien

1.000

тисяча

mil

1.000.000

мільйон

el millón

мови

los idiomas

англійська

el inglés

американська англійська

el inglés americano

китайська високочиновницька

el chino mandarín

хінді

el hindi

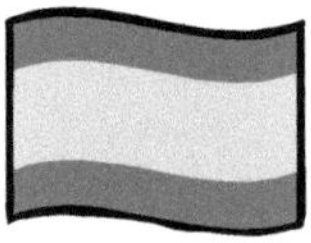

іспанська

el español

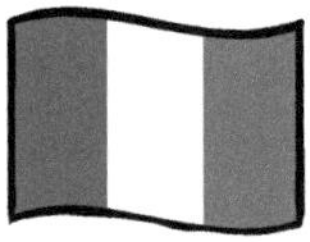

французька

el francés

арабська

el árabe

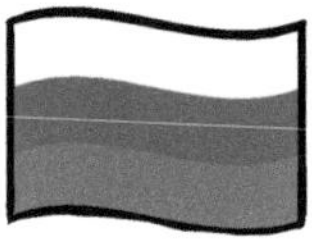

російська

el ruso

португальська

el portugués

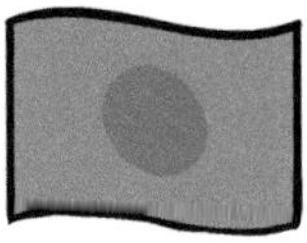

бенгальська

el bengalí

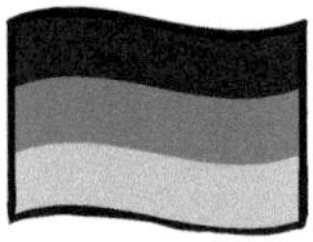

німецька

el alemán

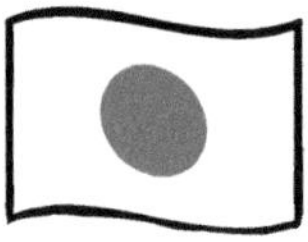

японська

el japonés

хто / що / як

quién / qué / cómo

я

yo

ти

vos

він / вона / воно

él / ella

ми

nosotros

ви

ustedes

вони

ellos

хто?

¿quién?

що?

¿qué?

як?

¿cómo?

де?

¿dónde?

коли?

¿cuándo?

ім'я

el nombre

де
dónde

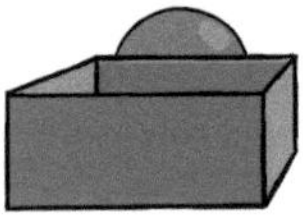

ззаду

detrás

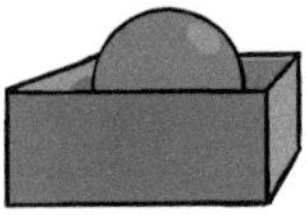

в

en

перед

adelante de

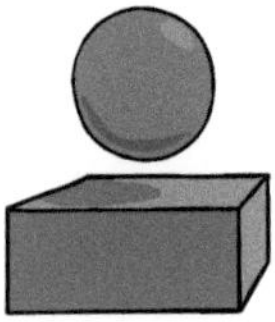

над

por encima de

на

sobre

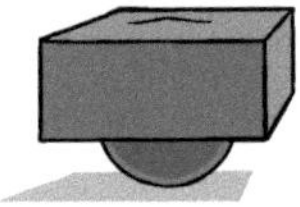

під

debajo de

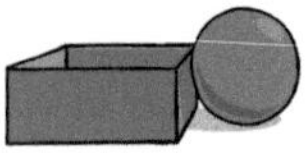

біля

al lado de

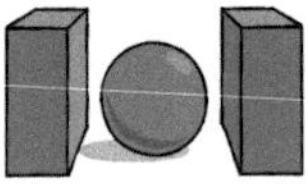

між

entre

місце

el lugar